BEI GRIN MACHT SICH IHR
WISSEN BEZAHLT

- Wir veröffentlichen Ihre Hausarbeit,
  Bachelor- und Masterarbeit

- Ihr eigenes eBook und Buch -
  weltweit in allen wichtigen Shops

- Verdienen Sie an jedem Verkauf

Jetzt bei www.GRIN.com hochladen
und kostenlos publizieren

Bibliografische Information der Deutschen Nationalbibliothek:

Die Deutsche Bibliothek verzeichnet diese Publikation in der Deutschen National-
bibliografie; detaillierte bibliografische Daten sind im Internet über http://dnb.d-
nb.de/ abrufbar.

Impressum:

Copyright © 2014 GRIN Verlag, Open Publishing GmbH
Druck und Bindung: Books on Demand GmbH, Norderstedt Germany
ISBN: 978-3-668-09180-1

Dieses Buch bei GRIN:

http://www.grin.com/de/e-book/310473/literaturinterpretation-von-brechts-
geschichten-vom-herrn-keuner-biografie

Dominik Hösl

Literaturinterpretation von Brechts "Geschichten vom Herrn Keuner". Biografie, Gattung, Entstehung, Inhalt und Charaktere

GRIN Verlag

GRIN - Your knowledge has value

Der GRIN Verlag publiziert seit 1998 wissenschaftliche Arbeiten von Studenten, Hochschullehrern und anderen Akademikern als eBook und gedrucktes Buch. Die Verlagswebsite www.grin.com ist die ideale Plattform zur Veröffentlichung von Hausarbeiten, Abschlussarbeiten, wissenschaftlichen Aufsätzen, Dissertationen und Fachbüchern.

Besuchen Sie uns im Internet:

http://www.grin.com/

http://www.facebook.com/grincom

http://www.twitter.com/grin_com

Inhaltsverzeichnis

A) PARABEL

1) Begriff

Der Begriff „Parabel" stammt aus dem Altgriechischen „paraballein" (παραβαλλειν), was übersetzt „nebeneinander-(‚para')-werfen(‚ballein') heißt. Das dazugehörige Nomen „parabole" bedeutet „Nebeneinanderdarstellung, Gleichnis, Vergleich".

[Diese Information habe ich von meiner Mutter, die Altgriechisch kann.]

2) Epische Kurzform

Bei der Parabel handelt es sich um eine epische Kurzform in Form einer lehrhaften Erzählung, die zur sogenannten Lehrdichtung gehört und einen Vergleich zu einem selbständigen Erzähltext ausweitet. In der Parabel wird eine prägnante Begebenheit als Gleichnis gestaltet. Damit soll ein erzieherischer Gedanken, eine sittliche Idee (z.Bsp. Nächstenliebe, Toleranz) oder eine Lebensweisheit durch einen Vergleich aus einem anderen Vorstellungsbereich verdeutlicht werden. Der Leser soll dann den Prozess der Erkenntnis und des Verstehens einleiten. Damit verfolgt die Parabel eine didaktische (= lehrhafte) Absicht. Der Leser selbst muss das Bild hinter dem Gleichnis erkennen und durch Analogie die Bedeutung des Bildes erkennen. Dadurch kann der Leser aus dem Gleichnis Analogieschlüsse auf seine Wirklichkeit, seine Welt und sein Umfeld ziehen. Hat der Leser dies erreicht, hat auch die Parabel ihre Aufgabe erfüllt, nämlich über den Bezug zur Erzählung hinaus auf abstrakte Gedanken zu leiten.

3) Unterscheidung zur Fabel

Anders als bei der lehrhaften Fabel handeln bei der Parabel nicht Tiere, die mit menschlichen Eigenschaften ausgestattet sind, sondern Menschen. Die moralische Lehre, die der Leser erkennen soll, wird nicht deutlich oder wörtlich formuliert und auch nicht als Lehrsatz angeführt, sondern ist in die Geschichte eingearbeitet. Es ist Aufgabe des Lesers, diese Lehre selbst aus dem Gleichnis herauszufinden und die Bedeutung des Gleichnisses durch Analogie (= Ähnlichkeit, Gleiches) zu ermitteln.

Die Fabel übt nur Kritik an dem, was geändert werden soll. Sie gibt aber keine Lösungs- oder Änderungsvorschläge. Der Leser soll sich in die Figuren der Fabel hineinversetzen und über die Kritik nachzudenken. Die Parabel bietet keine Erklärung für den Leser, sondern versucht den Leser von der inhaltlichen Meinung zu überzeugen. Durch das Gleichnis soll der Leser animiert werden, sein eigenes Verhalten zu ändern.

4) Bild- und Sachebene

Bei der Interpretation einer Parabel muss man zwischen der Bildebene und der Sachebene unterscheiden. Beide Ebenen gehören zur Grundstruktur der Parabel.

Wenn man sich eine geometrische Parabel vorstellt, kann man die Parabeläste mit der Bild- und Sachebene vergleichen. Der Scheitelpunkt ist dann das abstrakte Bindeglied zwischen dem, was die Parabel erzählt und dem, was die Parabel meint und mitteilen will. Letzteres muss – wie schon oben gesagt – der Leser selber erkennen.

Unter „http://www.philosophie-sgl.de/Faecher/deutsch/lessing/parabel.pdf" (eingesehen im September 2014) habe ich Bilder zur Veranschaulichung gefunden:

Grundschema der Parabelinterpretation:

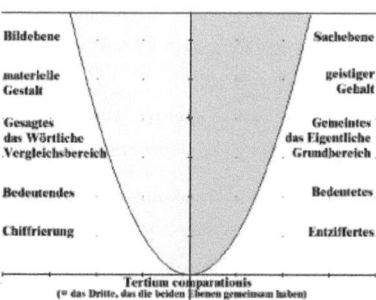

5) Wurzeln der Parabel

Die Wurzeln der Parabel liegen in der antiken Rhetorik. Antike Redner haben Gleichnisse und Parabeln verwendet, um ihr Argumente zu verdeutlichen, zu illustrieren und zu unterstützen.

Die literarischen Parabeln haben ihre Herkunft in den Gleichnissen des Alten und Neuen Testaments der Bibel. Vor allem im Neuen Testament sollen die Gleichnisse die Lehre von Jesus veranschaulichen und verdeutlichen.

6) Merkmale der Parabel

Ursprünglich war also die Parabel „nur" ein Einschub in einer Rede, um Argumente zu untermauern. Daraus erklären sich auch die Merkmale der Parabel:

- o lehrhafte Züge
- o kurz
- o knappe Sprache
- o antithetischer Aufbau (= inhaltlicher Gegensatz)
- o parabolische Sprechweise (= bildhafte Sprechweise)
- o Verwendung von literarischen Stilmittel wie
  - Metapher (= bildlicher Ausdruck)
  - Vergleich
  - Personifikation (= Vermenschlichung)
  - konnotierte Begriffe (= Begriffe mit Nebenbedeutungen, z.Bsp. „Quacksalber" für Doktor mit der Nebenbedeutung, dass dieser nichts kann und nichts taugt)

7) Parabel in der Literatur

Die Parabel ist oft keine eigenständige literarische Form, sondern eine Beifügung, die beim Veranschaulichen und Argumentieren hilft. Sie ist häufig als Binnenerzählung in einen anderen epischen oder dramatischen Text eingefügt. Das berühmteste Beispiel dafür ist die „Ringparabel" in „Nathan und der Weise" von Gotthold Ephraim Lessing.

Mit dem Zeitalter der Aufklärung verschwand die Bedeutung der Rhetorik immer mehr. Dadurch ist auch die Parabel im Zusammenhang mit Reden verloren gegangen.

Es entstanden jedoch sogenannte Parabelsammlungen, in denen jede einzelne Parabel für sich allein steht.

Ein Beispiel dafür sind unter anderem Bertolt Brechts „Geschichten vom Herrn Keuner", mit denen Brecht als ‚eingreifender Denker' Aufklärung und Erkenntnis schaffen will.

B) BERTOLT BRECHT, DIE GESCHICHTEN VOM HERRN KEUNER

1) Biografie Bertolt Brecht

Bertolt Brecht lebte von 1989 bis 1956 und war ein deutscher Schriftsteller.

Für genauere Angaben zu seiner Biografie siehe bitte meine Ausarbeitungen zu „Exilliteratur" (Punkt 3a).

2) Geschichten vom Herrn Keuner

a) Entstehung

„Die Geschichten vom Herrn Keuner", auch bekannt als „Die Geschichten vom Herrn K.", sind Parabeln von Bertolt Brecht.

Brecht verfasste die „Geschichten vom Herrn Keuner" verteilt über einen Zeitraum von mehr als 30 Jahren, von 1926 bis zu seinem Tod. Die Entstehung der Keuner-Geschichten fällt in die späten 1920er Jahre. Das war Brechts experimentelle Zeit des Schreibens, zu der er in ständigem Kontakt mit anderen Künstlern arbeitete. Diese Phase wurde unterbrochen durch seine erzwungene Flucht aus Deutschland. Während der späteren Jahre entstanden weitere Keuner-Geschichten, die mit der Erfahrung des Exils und seinen letzten Lebensjahren in der DDR zu tun haben.

Die erste Keuner-Geschichte schrieb Brecht 1926 im Zusammenhang mit seiner Arbeit an dem Stück „Fatzer". Die Figur des Herrn Keuner war zuerst eine handelnde Person in diesem Stück. Brecht bearbeitete dann diese Figur so, dass sie im Sinne des epischen Theaters immer mehr die Rolle des Kommentators einnahm. „Keuner erschien sowohl als handelnde Figur mit den Zügen eines Lehrers der anderen Figuren, …, dem die Verlesung der Kommentare übertragen ist und zugleich als die erzählte Gestalt des ‚Denkenden' in den Kommentar-Texten."[1]

1929-1931 entstanden die meisten Keuner-Geschichten, zwischen1950 und 1956 verfasste Brecht noch weitere Geschichten. Insgesamt entstanden 87 Geschichten.

Brecht plante zunächst nicht, die Geschichten zu veröffentlichen. Auch erwähnte er die Geschichten nie in seinen Erläuterungen. 1948 bat Brecht jedoch den Verleger seiner „Kalendergeschichten", als letzte Kalendergeschichte eine große Gruppe der „Geschichten vom Herrn Keuner", insgesamt 39 Stück aus verschiedenen Entstehungszeiten, hinzuzufügen. Insgesamt veröffentlichte Brecht zu seinen Lebzeiten 44 Geschichten.

---

[1] Kommentar in: Brecht, Bertolt, Geschichten vom Herrn Keuner, Berlin, Suhrkamp Verlag, 2012, S.184.

Nachdem in Brechts Nachlass neue Texte von den Keuner-Geschichten aufgefunden wurden, sind nun insgesamt 121 Geschichten und Fragmente, die die Forschung zu den Keuner-Geschichten zählt, bekannt.

b) Die Figur „Herr Keuner"

Herr Keuner, auch Herr K., ist die Hauptfigur in der Zusammenstellung der Geschichten Brechts.

Der Name Keuner leitet sich aus der süddeutschen Sprechweise eines Lehrers von Brecht ab, der ein „eu" immer wie ein „ei" ausgesprochen hat. So, sagt Walter Benjamin (deutscher Philosoph, Literaturkritiker und Übersetzer sowie Weggefährte und Freund Brechts), habe Brecht es ihm erzählt. Somit bedeutet „Keuner" zunächst „Keiner" und steht für eine eigenschaftslose Person, die in den Geschichten als der denkende, kritische Kommentator auftritt.

Der Name „Keuner" kann aber auch als Anspielung auf das altgriechische Wort „koinos" verstanden werden. Koinos bedeutet: die Allgemeinheit betreffend. Mit „Allgemeinheit" meinten die Griechen den Staat und die Politik. Somit kann man Keuner als eine Figur sehen, die auf der Suche nach einem neuen Staat ist, der aus den Erfahrungen, die man aus den erzählten Geschichten lernt, entsteht.

Die Figur des „Herrn Keuner" ist aus einer der vier männlichen Stückfiguren im „Fatzer" herausgebildet. Ursprünglich ist Herr Keuner eine handelnde Figur im Stück. Nach mehreren Bearbeitungen durch Brecht nimmt Herr Keuner die Rolle eines Kommentators und Lehrers für die anderen Figuren an.

„Herr K. ist ein Mann ohne Gesicht. Ohne Alter, ohne Beruf, ohne Biografie. Man könnte ihn für ein Phantom halten, zeigte er, der Mann ohne Eigenschaften und ohne Unterleib, nicht eine höchst vitale Regung: er denkt. Herr K. ist Denker – dies ist sein einziger Beruf und seine einzige Wollust."[2] So beschreibt ZEIT ONLINE die Figur des Herrn Keuner.

Herr Keuner ist eine Kunstfigur, erschaffen von Brecht. Brecht hat ihr zwar einen Namen, und damit eine Identität, aber keine individuellen Eigenschaften gegeben. Der Leser erfährt nichts Genaues über Keuner, nur in einigen Geschichten liest man, dass Keuner einen Sohn oder eine Nichte hat. Alle anderen Figuren in den Keuner-Geschichten haben keine Identität. Sie werden oft mit ihrem Berufsstand oder mit ihrer sozialen Position benannt.

Herr Keuner ist der kritische Kommentator, der die Handlungen der anderen kritisch beobachtet und der Denkende, der über die Handlungen der anderen nachdenkt. „Herr Keuner gehört zu den ‚Kopfarbeitern', zu den abtrünnigen Intellektuellen im Umfeld eines

---

[2] http://www.zeit.de/1979/35/geschichten-vom-herrn-keuner, eingesehen im September 2014.

Proletariates, …"[3]. Herr Keuner zeigt dem Leser Haltungen vor und kommentiert diese Haltungen. Er kommentiert aber nicht immer nur mit Worten, sondern auch damit, dass der seine Gesprächspartner mit seinen Worten und Fragen irritiert und manchmal verwirrt. Herr Keuner möchte für seine Gesprächspartner nicht sympathisch oder angenehm sein, sondern klug und hilfreich.

Manche Literaturwissenschaftler sehen in Herrn Keuner das „alter ego" Brechts (= zweites Ich). Sie haben erforscht, dass Brecht über die Figur des Herrn Keuner seine eigene Meinung und Handelsweise als denkender Dichter in seine Geschichten einbringt. Sie erkennen in Herrn Keuner einen Doppelgänger Brechts. Damit werden die Keuner-Geschichten zu einer persönlichen und subjektiven Prosa von Brecht.

c) Inhalt und Themen

Brecht hat mit den Keuner-Geschichten kurze Prosastücke entwickelt, mit denen er Fragen zum Verhalten in Politik und sozialem Zusammenleben sowie Probleme der Erkenntnistheorie abhandelt. Er benutzt dazu die Kunstfigur des Herrn Keuner. Brecht bezeichnet Herrn Keuner auch als den „Denkenden". Er lässt ihn in seinen Parabeln einerseits als Handlungsfigur auftreten, die sich mit überraschenden Fragen oder Situationen auseinander setzt und dabei verschiedene Möglichkeiten überdenkt. Andererseits ist Herr Keuner ein „Lehrer", der die Erkenntnisse, die er aus den eigenen Erfahrungen gewonnen hat, als Lebensweisheiten wiedergibt.

Die „Geschichten vom Herrn Keuner" sollen nicht nur reine Erzählung sein, sondern sind nach Brecht auch philosophische Texte. Philosophieren will Brecht vor allem über Veränderungen, egal ob diese Veränderungen durch historische Ereignisse oder das aktive Eingreifen von Menschen verursacht wird.

Literaturwissenschaftler bezeichnen die Keuner-Geschichten auch als „Lehrstücke ohne Lehre, außer dieser einen: dass nicht nur der Starke, sondern auch der Denkende am mächtigsten allein ist."[4] Dass Denken ein sinnliches Vergnügen ist, hat Brecht immer wieder betont. In den Keuner-Geschichten zeigt er es uns mit der Kunstfigur des Herrn Keuner.

Je nach den verwendeten Themen kann man die Keuner-Geschichten dem Inhalt nach in verschiedene Gruppen einteilen:

o Philosophie und Religion (Bsp.: Wenn Herr K. einen Menschen liebte)
o soziologisch-politische Themen (Bsp.: Maßnahmen gegen die Gewalt)
o Kunst (Bsp.: Herr K. und die Lyrik)

---

[3] Kommentar in: Brecht, Bertolt, Geschichten vom Herrn Keuner, Berlin, Suhrkamp Verlag, 2012, S.182.

[4] http://www.zeit.de/1979/35/geschichten-vom-herrn-keuner, eingesehen im September 2014.

- o Tugenden (Bsp.: Verlässlichkeit)
- o Haltungen des Denkenden (Bsp.: Weise am Weisen ist die Haltung) – Zu dieser Gruppe zählen die meisten Keuner-Geschichten.

C) INTERPRETATION AUSGEWÄHLTER „GESCHICHTEN VOM HERRN KEUNER"

Jede einzelne Keuner-Geschichte inhaltlich zu interpretieren, wäre hier zu viel. Ich habe daher Parabeln aus den verschiedenen Inhaltsbereichen ausgesucht, die mir einerseits vom Thema her gut gefallen haben und die ich andererseits mit Hilfe von Interpretationshilfen von der Bedeutung und Aussage her – so glaube ich – genügend verstanden habe, um eine schriftliche Interpretation zu verfassen.

a) Wenn Herr K. einen Menschen liebte

"Was tun Sie", wurde Herr K. gefragt, "wenn Sie einen Menschen lieben?" "Ich mache einen Entwurf von ihm", sagte Herr K., "und sorge, daß er ihm ähnlich wird." "Wer? Der Entwurf?" "Nein", sagte Herr K., "Der Mensch."

In dieser Keuner-Geschichte geht es um einen Dialog zwischen Herrn Keuner und einem anderen Menschen, dem Brecht keinen Namen und keine Identität gibt. Herr Keuner wird gefragt, was er täte, wenn er einen Menschen liebte.

Sowohl die Frage als auch Keuners Antwort sind durch die Begleitsätze „wurde Herr K. gefragt" und „sagte Herr K." unterbrochen und in zwei Teile getrennt. Das gibt in der Geschichte den Figuren Zeit zu überlegen. Auch der Leser hat dadurch Zeit, die Frage und die Antwort zu überdenken.

Der Dialog endet mit einer Pointe. Dass die Parabel damit aber noch nicht zu Ende ist, ist ganz deutlich, denn diese Pointe in Keuners Antwort braucht eine Erklärung. Der Leser muss, um den Sinn der Parabel zu erfassen, die Bildebene (den Dialog) auf die Sachebene (Sinn, Aussage) übertragen, indem er den materiellen Inhalt der Bildebene auf den geistigen Inhalt der Sachebene überträgt und das Gesagte „entziffert". So kann er verstehen, was die Parabel eigentlich meint und aussagt.

Im Dialog treffen zwei Haltungen aufeinander. Keuners Gesprächspartner hat ein traditionelles Verständnis von Liebe. Für ihn bedeutet Liebe, dass man die Bereitschaft hat, den Geliebten so zu akzeptieren, wie er ist, mit all seinen Stärken und Schwächen, Vor- und Nachteilen. Deshalb geht er auch davon aus, dass Herr Keuner meint, er mache den Entwurf dem Geliebten ähnlich, das heißt, man passt sein Bild, das man sich vom Geliebten macht, an

8

den Geliebten an. Ändert sich die Persönlichkeit, das Verhalten, die Eigenart des Geliebten, ändert man auch den Entwurf.

Herr Keuner sieht das anders. Jeder Mensch hat zwar von Natur aus eine bestimmte Eigenart oder Veranlagung, aber Herr Keuner hat auch immer eine Vorstellung, eine Erwartung von dem Menschen, den er liebt. Für Herrn Keuner besteht Liebe darin, die Fähigkeiten des Geliebten zu erkennen und ihm zu helfen, diese zu verwirklichen. Seine Art, einen Menschen zu lieben, ist schöpferisch. Er will dem Geliebten die Möglichkeit geben, sich noch zu verändern. So macht er einen Entwurf von dem Geliebten, das heißt er schafft sich ein Bild, so wie er den Geliebten dann haben will und wie er ihn sich denkt. Er will den Geliebten dann an diesen Entwurf anpassen, um das Beste aus ihm herauszuholen.

Diese Denkweise beinhaltet Positives und Negatives:

Positiv ist, dass Herr Keuner durch den Entwurf den Geliebten dazu anspornt, sich diesem Idealbild zu nähern bzw. anzupassen und somit die eigenen Fähigkeiten noch weiter auszubauen.

Negativ ist aber, dass Herr Keuner bei dieser Vorstellung der Liebe nicht uneigennützig ist. Er erschafft sein Idealbild und will dafür sorgen, dass der Geliebte diesem ähnlich ist. Damit ändert er den Geliebten und drückt ihn in sein gewünschtes Schema. Er kann Dinge nicht so belassen, wie sie sind, sondern übt seinen Einfluss aus. Das wirkt diktatorisch und herrisch.

Meiner Meinung nach wird Herr Keuner mit seiner Ansicht von Liebe nicht weit kommen. Denn ich denke, dass kein Mensch sich gerne in ein Schema (einen Entwurf) pressen lassen will, sondern so akzeptiert werden will, wie er ist.

b) Maßnahmen gegen die Gewalt

Als Herr Keuner, der Denkende, sich in einem Saale vor vielen gegen die Gewalt aussprach, merkte er, wie die Leute vor ihm zurückwichen und weggingen. Er blickte sich um und sah hinter sich stehen - die Gewalt. "Was sagtest du?" fragte ihn die Gewalt ."Ich sprach mich für die Gewalt aus", antwortete Herr Keuner. Als Herr Keuner weggegangen war, fragten ihn seine Schüler nach seinem Rückgrat. Herr Keuner antwortete: "Ich habe kein Rückgrat zum Zerschlagen. Gerade ich muß länger leben als die Gewalt."

Und Herr Keuner erzählte folgende Geschichte:

In die Wohnung des Herrn Egge, der gelernt hatte, nein zu sagen, kam eines Tages in der Zeit der Illegalität ein Agent, der zeigte einen Schein vor, welcher ausgestellt war im Namen derer, die die Stadt beherrschten, und auf dem stand, daß ihm gehören solle jede Wohnung, in die er seinen Fuß setzte; ebenso sollte ihm auch jedes Essen gehören, das er verlange; ebenso sollte ihm auch jeder Mann dienen, den er sähe. Der Agent setzte sich in einen Stuhl,

9

verlangte Essen, wusch sich, legte sich nieder und fragte mit dem Gesicht zur Wand vor dem Einschlafen: "Wirst du mir dienen?"

Herr Egge deckte ihn mit einer Decke zu, vertrieb die Fliegen, bewachte seinen Schlaf, und wie an diesem Tage gehorchte er ihm sieben Jahre lang. Aber was immer er für ihn tat, eines zu tun hütete er sich wohl: das war, ein Wort zu sagen. Als nun die sieben Jahre herum waren und der Agent dick geworden war vom vielen Essen, Schlafen und Befehlen, starb der Agent. Da wickelte ihn Herr Egge in die verdorbene Decke, schleifte ihn aus dem Haus, wusch das Lager, tünchte die Wände, atmete auf und antwortete: "Nein."

Brechts Parabel besteht eigentlich aus zwei Geschichten, einer äußeren (Rahmengeschichte) und einer inneren (Binnengeschichte). Die Binnengeschichte wird von Herrn Keuner, der die Hauptfigur der Rahmengeschichte ist, dargebracht.

Im Vordergrund steht zunächst die äußere Geschichte. Herr Keuner hält als Professor vor seinen Schülern eine Ansprache gegen die Gewalt. Als die personifizierte Gewalt ihn jedoch fragt, was er gesagt hat, weicht Herr Keuner aus und behauptet, sich für die Gewalt ausgesprochen zu haben. Seinen Schülern, die ihn daraufhin nach seinem Rückgrat fragen, erklärt er, dass er länger als die Gewalt leben muss und begründet sein Vorgehen anhand einer Parabel.

Damit beginnt die Binnengeschichte. Während der Zeit der Illegalität, einer Gewaltherrschaft, beschlagnahmt ein Agent, der von den Herrschern dazu bemächtigt ist, die Wohnung und den Besitz von Herrn Egge. Herr Egge hat zwar gelernt „Nein" zu sagen, dennoch versorgt er den Agenten sieben Jahre lang, jedoch ohne ein Wort zu sprechen. Auch die Frage des Agenten „Wirst du mir dienen" bleibt unbeantwortet, solange bis der Agent stirbt. Da erst antwortet Herr Egge: „Nein."

Herr Keuner wird in dieser Parabel als „Denkender" bezeichnet. Somit kann der Leser davon ausgehen, dass Herr Keuner überlegt und durchdacht handelt. Zuerst spricht er sich gegen die Gewalt aus, dann aber leugnet er dies und setzt keine Maßnahmen gegen die Gewalt, so wie es der Titel der Parabel vermuten lässt. Herr Keuner relativiert seine Aussage über die Gewalt nicht nur, sondern nimmt sie ganz zurück und behauptet das Gegenteil. Damit ordnet er sich der drohenden Gewalt unter. Würde er sich widersetzen, würde ihn das wahrscheinlich sein Leben kosten. Dann könnte er aber auch nicht mehr andere vor der Gefahr warnen oder etwas gegen die Gefahr unternehmen. Genau das meint Herr Keuner, wenn er zu seinen Schülern sagt, er müsse länger leben als die Gewalt. Herr Keuner macht deutlich, dass er stark ist und sein Rückgrat nicht zerschlagen werden kann. Das bedeutet so viel wie: „Ich lass mich nicht unterkriegen!"

Der Leser kann sich nun fragen, ob Herr Keuner nicht genau das getan hat: sich unterkriegen lassen, indem er aus Angst vor der Gewalt seinen eigene Aussage geleugnet hat? Vor seinen

Schülern hat er die Gewalt verurteilt und als negativ dargestellt. Als die Gewalt ihm aber als Person gegenüberstand, hat er klein beigegeben. Aber ich sehe das nicht so.

Das plötzliche Auftreten der Gewalt als Person symbolisiert, dass die Gewalt von Menschen verursacht wird und immer und überall gegenwärtig ist, aber auch, dass die Gewalt so wie die Menschen vergänglich ist. Dass sich Herr Keuner der Gewalt unterordnet, um länger als die Gewalt zu leben, ist seine Maßnahme gegen die Gewalt: Herr Keuner versucht mit Vernunft, durch Unterordnung und Überleben der Gewalt zu entkommen, zu überleben und somit die Bedrohung zu besiegen.

Herrn Egges Reaktion auf die Gewalt in Form des Agenten ist, keinerlei Widerstand zu zeigen. Ganz im Gegenteil, es wirkt fast so, als würde Herr Egge den Agenten freundlich in seinem Haus aufnehmen und bewirten. Damit wird die sehr ernste Situation verharmlost. Mit der „Zeit der Illegalität" ist die Zeit des Nationalismus gemeint. Das spricht Brecht nicht wörtlich aus, sondern verpackt es in das Bild der Parabel, worauf auch die Entstehungszeit dieser Keuner-Geschichte 1930 hindeutet. Andere Hinweise auf den Nationalsozialismus sind Ausdrücke wie „die, die die Stadt beherrschen", „Agent", „Schein, … daß ihm gehören solle". Der Agent symbolisiert den „Nazi", Herr Egge eine Gesellschaft, die von den Nationalsozialisten unterdrückt wurde. Es muss meiner Meinung nach nicht unbedingt die deutsche Gesellschaft sein, die Nazis haben ja auch andere Völker, wie z.Bsp. die Polen, unterdrückt und terrorisiert!

Der Agent stellt Herrn Egge die alles entscheidende Frage: „Wirst du mir dienen?" Darauf bekommt er zunächst keine Antwort. Aber die Handlungen von Herrn Egge lassen vermuten, dass er dem Agenten dienen wird. Man kann sein Verhalten auch als blinden Gehorsam bezeichnen, der zur Zeit des Nationalsozialismus weit verbreitet war. Ich aber sehe das nicht so. Blinder Gehorsam bedeutet für mich: Augen zu und tun, was die anderen befehlen, ohne nachzudenken und ohne zu überlegen. Ich finde aber, Herr Egge hat sehr wohl nachgedacht, denn hinter seinem Verhalten steckt eine kluge Taktik. Herr Egge will wie Herr Keuner die Gewalt überleben. So verhält er sich ruhig, toleriert die Gewalt, ordnet sich unter und tut, was man ihm befiehlt. Aber er sagt kein Wort, auch kein Wort des Widerstandes, um sein Leben nicht zu gefährden. Mit einer inneren Stärke, mit Hoffnung und Mut hält Herr Egge sieben Jahre lang durch und erträgt die Gewalt. Dabei hat er immer im Hinterkopf, dass er stärker ist als die Gewalt und länger leben wird als die Gewalt.

Erst als die Gewalt in Form des Todes des Agenten vorüber ist, spricht Herr Egge und gibt dem Agenten die Antwort auf seine Frage: „Nein". Er meint damit, dass er ihm nicht dienen werde. Herr Egge hat zwar sieben Jahre lang Befehle ausgeführt, aber gedient im Sinne von sich freiwillig unterordnen und hilfreich zur Seite stehen, das hat Herr Egge nicht getan! So hat Herr Egge, mit Taktik, Vernunft und Stärke gegen die Gewalt gewonnen.

Nach dem Tod des Agenten putzt und malt Herr Egge sein Haus neu aus. Damit vertreibt er die Gewalt und die Erinnerung daran ganz aus seinem Heim. Diese Handlung symbolisiert die Aufräumarbeiten nach der Kriegszeit.

Die Parabel hat somit einen starken Bezug zum Nationalsozialismus, zeigt Verhaltensweisen gegen die Gewalt am Beispiel von Herrn Keuner und Herrn Egge und bringt den Leser zum Nachdenken. Der Leser soll sich über Maßnahmen gegen die Gewalt Gedanken machen. Brecht hat schon sehr frühzeitig (Entstehung dieser Keuner-Geschichte 1930!) auf die Gefahr von Willkür und Gewalt im Nationalsozialismus aufmerksam gemacht. Er rät seinen Lesern, sich eher passiv zu verhalten. Er ruft nicht zum offenen Widerstand auf, sondern appelliert an den Verstand und die Vernunft. Brecht fordert von den Menschen sinnvolles und überlegtes Handeln, selbständiges Denken und die Suche nach Lösungen und bietet als Beispiele die Geschichte des Herrn Keuner und des Herrn Egge.

c) Wenn die Haifische Menschen wären

"Wenn die Haifische Menschen wären", fragte Herrn K. die kleine Tochter seiner Wirtin, "wären sie dann netter zu den kleinen Fischen?" "Sicher", sagte er. "Wenn die Haifische Menschen wären, würden sie im Meer für die kleinen Fische gewaltige Kästen bauen lassen, mit allerhand Nahrung drin, sowohl Pflanzen als auch Tierzeug. Sie würden sorgen, daß die Kästen immer frisches Wasser hätten, und sie würden überhaupt allerhand sanitäre Maßnahmen treffen. Wenn zum Beispiel ein Fischlein sich die Flosse verletzen würde, dann würde ihm sogleich ein Verband gemacht, damit es den Haifischen nicht wegstürbe vor der Zeit. Damit die Fischlein nicht trübsinnig würden, gäbe es ab und zu große Wasserfeste; denn lustige Fischlein schmecken besser als trübsinnige. Es gäbe natürlich auch Schulen in den großen Kästen. In diesen Schulen würden die Fischlein lernen, wie man in den Rachen der Haifische schwimmt. Sie würden zum Beispiel Geographie brauchen, damit sie die großen Haifische, die faul irgendwo liegen, finden könnten. Die Hauptsache wäre natürlich die moralische Ausbildung der Fischlein. Sie würden unterrichtet werden, daß es das Größte und Schönste sei, wenn ein Fischlein sich freudig aufopfert, und daß sie alle an die Haifische glauben müßten, vor allem, wenn sie sagten, sie würden für eine schöne Zukunft sorgen. Man würde den Fischlein beibringen, daß diese Zukunft nur gesichert sei, wenn sie Gehorsam lernten. Vor allen niedrigen, materialistischen, egoistischen und marxistischen Neigungen müßten sich die Fischlein hüten und es sofort den Haifischen melden, wenn eines von ihnen solche Neigungen verriete. Wenn die Haifische Menschen wären, würden sie natürlich auch untereinander Kriege führen, um fremde Fischkästen und fremde Fischlein zu erobern. Die Kriege würden sie von ihren eigenen Fischlein führen lassen. Sie würden die Fischlein lehren, daß zwischen ihnen und den Fischlein der anderen Haifische ein riesiger Unterschied bestehe. Die Fischlein, würden sie verkünden, sind bekanntlich stumm, aber sie schweigen in ganz verschiedenen Sprachen und können einander daher unmöglich verstehen. Jedem

Fischlein, das im Krieg ein paar andere Fischlein, feindliche, in einer anderen Sprache schweigende Fischlein, tötete, würden sie einen kleinen Orden aus Seetang anheften und den Titel Held verleihen. Wenn die Haifische Menschen wären, gäbe es bei ihnen natürlich auch eine Kunst. Es gäbe schöne Bilder, auf denen die Zähne der Haifische in prächtigen Farben, ihre Rachen als reine Lustgärten, in denen es sich prächtig tummeln läßt, dargestellt wären. Die Theater auf dem Meeresgrund würden zeigen, wie heldenmütige Fischlein begeistert in die Haifischrachen schwimmen, und die Musik wäre so schön, daß die Fischlein unter ihren Klängen, die Kapelle voran, träumerisch, und in allerangenehmste Gedanken eingelullt, in die Haifischrachen strömten. Auch eine Religion gäbe es da, wenn die Haifische Menschen wären. Sie würde lehren, daß die Fischlein erst im Bauch der Haifische richtig zu leben begännen. Übrigens würde es auch aufhören, wenn die Haifische Menschen wären, daß alle Fischlein, wie es jetzt ist, gleich sind. Einige von ihnen würden Ämter bekommen und über die anderen gesetzt werden. Die ein wenig größeren dürften sogar die kleineren auffressen. Das wäre für die Haifische nur angenehm, da sie dann selber öfter größere Brocken zu fressen bekämen. Und die größeren, Posten habenden Fischlein würden für die Ordnung unter den Fischlein sorgen, Lehrer, Offiziere, Ingenieure im Kastenbau usw. werden. Kurz, es gäbe überhaupt erst eine Kultur im Meer, wenn die Haifische Menschen wären."

Der Titel der Parabel wird sofort im ersten Satz aufgegriffen und leitet die gesamte Parabel ein. Herr Keuner wird von einem kleinen Mädchen gefragt, was denn wäre, „wenn die Haifische Menschen wären". Die Feststellung, dass diese Frage, die Keuners Antwort erst in Gang setzt, von einem Kind kommt, ist nicht unwichtig, da Keuner in seinen späteren Ausführungen die Welt so erklärt, dass sie jedes Kind verstehen kann. Trotzdem verbirgt sich hinter dieser scheinbar harmlosen Geschichte ein Abbild der wirklichen Welt. Mit vielen Vergleichen und Sinnbildern versteckt der Autor das Wirkliche, das trotzdem gut verstanden werden kann. Auch der zweite Teil der Frage des Mädchens ist wichtig: „wären sie dann netter zu den kleinen Fischen?" Damit ist ein Ausgangspunkt, eine Basis für den weiteren Verlauf der Parabel geschaffen oder besser gesagt: Die Frage des Kindes sorgt überhaupt erst dafür, dass Herr Keuner seinen Vergleich, seine konstruierte Unterwasserwelt, anführt.

Zuerst gibt Herr Keuner dem Mädchen eine recht harmlose Antwort auf seine Frage. „Sicher" wären die Haifische freundlicher, wenn sie Menschen wären. Mit einem Hai wird oft ein negatives Bild von einer mordenden Bestie verbunden, die im Meer ihr Unwesen treibt und nur als blutrünstig charakterisiert wird. Wenn man an einen Hai denkt, hat man sofort die messerscharfen Zähne vor Augen, mit dem das Tier seine Beute tötet. Menschen, so sagt Keuner, wären nicht so schlimm, da sie ganz im Gegenteil zum Haifisch sogar „sanitärische Maßnahmen treffen" würden, um einander zu helfen. Es liegt in der Natur des Menschen, sich um Mitmenschen zu kümmern und diese zu versorgen. Deswegen auch die Installation von vielen „Kästen mit allerhand Nahrung drin".

Keuner spricht auch über die Unterwasserwelt und die verschiedenen Komponenten, die dort beachtet werden müssen: Für ein gutes Leben unter Wasser sind mehrere Sachen wichtig. So gibt es zum Beispiel gegen Trübsinn „ab und zu große Wasserfeste", genau wie es in unserer Gesellschaft ein bestimmtes Unterhaltungsprogramm gibt, das für Abwechslung sorgt. So etwas ist wichtig für eine Gesellschaft, damit sie zusammenwachsen kann und sich untereinander verträgt. So erklärt Herr Keuner kindgerecht eine Welt, die an eine Unterwasserwelt wie im Zeichentrickfilm erinnern könnte.

Beim Thema Schule schlägt die Stimmung des Erzählers allmählich um. In den Schulen würden die Fische nicht nur „Geographie" oder anderes Wissenswertes lernen, sondern vor allem, „wie man in den Rachen der Haifische schwimmt". Damit ist das Hören auf den Stärkeren, den Hai, gemeint, das ebenfalls gelernt werden muss, damit es in der Gesellschaft funktionieren kann. Das „in den Rachen schwimmen" könnte auch ein ständiges Zustimmen, ein „nach der Nase des anderen tanzen" meinen. Die „moralische Ausbildung der Fischlein" ist entscheidend. Auffällige Worte, die diesen Lernprozess bestimmen, sind dabei „aufopfern" und der „Glaube an die Haifische", die an dieser Stelle durchaus Teile ihrer negativen Beschreibung von oben wieder zurückbekommen. Hier denkt man an den Haifisch-Menschen, der sich die anderen Tiere des Meeres unterwerfen will und als Herrscher walten will, der Angst und Schrecken verbreitet. Diese These wird durch den weiteren Verlauf der Erzählung immer mehr bestärkt. Es geht dabei um die „Sicherung der Zukunft", an der schließlich alle Interesse haben dürften. Damit dieses Unternehmen glücken kann, müssten sich die kleinen Fischlein in „Gehorsam" üben und ihre eigene Meinung und ihren eigenen Willen ablegen. Eine gewisse Form von Unterdrückung kommt hier zum Ausdruck. Eindeutig politisch wird es, wenn Brecht das Wort „marxistisch" benutzt. Es weist deutlich darauf hin, dass es bei der Herrschaft der Menschen als Haifische um ein Ideal geht, das dieser politischen Richtung widerspricht und sie strikt ablehnt. In Verbindung mit „Neigungen" wirkt das „marxistisch" doch sehr abwertend und diese Neigung wird außerdem als etwas beschrieben, vor dem man „sich hüten" müsse, also als eine Gefahr für die Gesellschaft und deren Zusammenhalt und Funktion. Hier merkt man, dass der längst schon von der Ebene der kindlichen Geschichte hin zur politisch verschlüsselten Rede gekommen ist. Kein Kind wird die Bilder des Erzählers richtig einordnen können und nur die Hälfte von dem verstehen, was erzählt wird.

Der nächste Themenbereich wird ebenfalls mit den Worten des Titels eingeleitet. Jetzt geht es um den Krieg, der mit Begriffen wie „erobern", „führen", „Orden" und „Held" stark im Mittelpunkt der gesamten Handlung steht. Andere Gebiete müssten erobert und andere „Fischvölker" unterworfen werden, da zwischen ihnen und den fremden Fischlein ein großer Unterschied bestehe. Entschlüsselt bedeutet dieser Ausspruch wohl, dass die herrschenden Menschen-Haie die Gleichheit aller Menschen ablehnen und dass es bestimmte Bevölkerungsgruppen gibt, die als mehr oder weniger „nützlich für die Gesellschaft" eingestuft werden können. Spätestens jetzt wird klar, dass das angedeutete Herrschaftssystem wohl das des nationalsozialistischen Regimes ist, das hier indirekt bereits kritisiert wird. Für das Töten der anderen „minderwertigeren" Fischlein, die „in einer fremden Sprache schweigen" gibt es Orden, die den Helden als solchen kennzeichnen sollen.

Auch der nächste Abschnitt wird mit den Worten des Titels eingeleitet. Hier lautet das Thema Kunst und Theater. Es würde große Bilder geben, auf denen die Haie „in prächtigen Farben" dargestellt werden würden. Auf diese Weise werden die Haifische verherrlicht, verehrt und in ein durch und durch positives Licht gerückt. Auch das Theater würde lediglich als Bühne für die Heldentaten der „Soldaten-Fische" dienen, die so nochmals glorifiziert werden könnten. Musik und andere Dinge würden die anderen Fischlein so beeinflussen, dass sie „eingelullt" von schönen Gedanken wären, ohne an das Ausmaß und das strenge Regime der Hai-Herrschaft zu denken.

Die Religion des Regimes lässt sich relativ schnell erklären: Jeder Fisch soll wissen, dass das Leben „erst im Bauche der Haifische richtig" losgehen würde. Erst, wenn sie völlig von den großen und mächtigen Haien vereinnahmt worden sind, ja wenn sie tot und aus der großen Wasserwelt verschwunden sind, werden sie ein gutes Leben haben. Ohne nachzudenken, sollen sie blind in den Rachen und damit in den Bauch der Haie schwimmen. Das könnte ein wenig auf die Anfänge der NSDAP hindeuten, die sich zunächst weniger als politische Partei als vielmehr eine religiöse Partei sah. Nur durch die NSDAP könne man zum Heil gelangen hieß es. Dieser Anspruch wird durch das Symbol des Bauches, in dem alles verschluckt ist, deutlich. Nochmals wird daraufhin betont, dass es keinerlei Gleichheit aller Fische gebe, was entgegen unserem (christlichen) Verständnis der Gleichheit aller Menschen steht.

Daraus folgt logischerweise, dass es eine bestimmte Hierarchie als Höhepunkt der Kultur der Unterwasserwelt geben muss. Es würde Ämter, wohl als Kontrollorgane, geben und das Recht des Stärkeren würde gelten. „Die ein wenig größeren dürften sogar die kleineren fressen". „Zucht und Ordnung" ist das Stichwort, das dem Leser wohl zu den letzten Sätzen einfällt. Die „Posten", die für „Ordnung" sorgen sind hierbei entscheidend. Es gibt somit nicht nur die Obersten Befehlshaber, Anführer und den Diktator, sondern auch seine „Hilfsarbeiter", die sich um die groben Dinge kümmern. Vor allem die Lehrer und Offiziere stechen hier hervor, die mit ihren Fähigkeiten einen Großteil der „Fisch-Gesellschaft" beeinflussen würden.

Der letzte Satz der Parabel ist mehr oder weniger die Moral, die alles noch einmal auf den berühmten Punkt bringt: „Kurz, es gäbe erst eine Kultur im Meer, wenn die Haifische Menschen wären." Dieser Satz fasst die komplette Erzählung von Keuner zusammen und soll bedeuten, dass ohne eine bestimmte Ordnung oder eine ordnende Instanz keine gut funktionierende Gesellschaft möglich ist. Außerdem ist die Kultur im Dritten Reich als eine gesehen worden, die gut für die Menschen war. Dass dies nicht die Meinung des Autors ist, liegt auf der Hand. Schweigen wie die Fische und immer alles in den Rachen der mächtigen Haie werfen, damit das Staatssystem immer größer werden konnte – das war der Grundgedanke, der hier angesprochen und kritisiert wird. Die Welt der Fische unter Wasser lässt sich exakt auf die Welt zur Zeit Brechts im Nationalsozialismus übertragen, über die er im Exil schreibt. Die beschriebenen Strukturen und Machenschaften passen sehr genau auf das nationalsozialistische Regime unter Adolf Hitler. Brecht übt durch diese Keuner-Geschichte Kritik an diesem System.

d) Weise am Weisen ist die Haltung

Zu Herrn K. kam ein Philosophieprofessor und erzählte ihm von seiner Weisheit. Nach einer Weile sagte Herr K. zu ihm: "Du sitzt unbequem, du redest unbequem, du denkst unbequem." Der Philosophieprofessor wurde zornig und sagte: "Nicht über mich wollte ich etwas wissen, sondern über den Inhalt dessen, was ich sagte." "Es hat keinen Inhalt", sagte Herr K. "Ich sehe dich täppisch gehen, und es ist kein Ziel, das du, während ich dich gehen sehe, erreichst. Du redest dunkel, und es ist keine Helle, die du während des Redens schaffst. Sehend deine Haltung, interessiert mich dein Ziel nicht."

In der Parabel „Weise am Weisen ist die Haltung" von Bertolt Brecht geht es um einen Philosophieprofessor, dessen Namen man nicht erfährt, und um Herrn Keuner. Die beiden Männer kommen ins Gespräch, wobei der Professor von seiner Weisheit erzählt. Herr Keuner ist wenig beeindruckt und behauptet, die Weisheit des Professors habe keinen Inhalt. Außerdem habe der „Weise" kein Ziel und selbst wenn er eines hätte, so würde es Herrn Keuner nicht interessieren.

Im ersten Satz der Parabel wird deutlich, in welche Situation der Leser Einblick erhält. Die beiden Hauptfiguren werden vorgestellt, wobei sowohl Herr Keuner als auch der Philosophieprofessor anonym gehalten werden, wobei dem Philosophieprofessor aber durch seine Berufsbezeichung bereits gewisse Eigenschaften (gebildet, klug, wissend usw.) zugeordnet werden können. Wenn sich der Leser einen Philosophieprofessor vorstellen soll, denkt er wahrscheinlich an einen älteren Mann, dessen Leben vollkommen durch die Liebe zur Weisheit, der Philosophie, bestimmt ist. Diese These wird durch den zweiten Teil des ersten Satzes bestätigt: „[...] und erzählte ihm von seiner Weisheit." Was genau er Herrn Keuner erzählt, wird nicht gesagt und ist auch für die Interpretation der Parabel nicht weiter wichtig. Lediglich die Feststellung, dass es sich um die Weisheit handelt, muss beachtet werden. Ein anderes Thema scheint es für den Philosophen nicht zu geben – alles ist für ihn irgendwie Philosophie.

Nach einer gewissen Zeit des Vortragens unterbricht Herr Keuner den „Weisen" in dreifacher Weise: „Du sitzt unbequem, du redest unbequem, du denkst unbequem." Damit kritisiert Herr Keuner nicht das, was der Professor sagt, sondern die Art und Weise, also das „Wie" seines Verhaltens, seines Sprechens und seiner Haltung. Genau das ist es, was der Philosoph im Folgenden bemängelt. Es folgt mehr oder weniger eine Kritik an der Kritik, indem er sagt, dass er nichts über sich als Person, sondern über den Inhalt, also die Weisheit, die

Philosophie, wissen wollte. Damit scheint die Kritik des Herrn Keuner abgewehrt zu sein. Doch dieser lässt sich von der Gegenkritik nicht einschüchtern und antwortet selbstbewusst: „Es hat keinen Inhalt." Die Kritik am Inhalt ist folglich, dass dieser keinen Inhalt hat, es ihn also gar nicht gibt. Es scheint dem Philosophieprofessor also etwas zu fehlen. Doch worüber hat der Professor dann gesprochen, müsste man sich an dieser Stelle fragen. Ihm wird jedenfalls keine Chance gelassen, darauf zu antworten. Der Rest der Parabel ist durch die Rede des Herrn Keuner bestimmt, der sein Gegenüber fast beleidigend, wenigstens aber verärgert anspricht. Der Professor hat, nach Aussagen des Herrn Keuner, „kein Ziel, dass […] (er erreicht)." Das Gegensatzpaar hell-dunkel verdeutlicht noch einmal, dass der Professor unverständlich redet, sich nicht klar und deutlich ausdrückt und eben dadurch ein gewisses Ziel nicht erreichen zu können. Er ist nicht in der Lage, Kompliziertes einfach darzustellen, sondern scheint das schon Komplizierte noch komplizierter machen zu wollen – so das Urteil von Herrn Keuner.

Als letztes Element der Kritik kommt die Haltung des Professors dazu. „Sehend deine Haltung, interessiert mich dein Ziel nicht." Der Professor scheint keine Autorität auszustrahlen. Auch wenn er viel weiß, steckt zu wenig von seiner Person dahinter. Eben dies ist es, was die Haltung widerspiegelt und Herrn Keuner zu seiner Kritik veranlasst. Er hätte auch sagen können: „So, wie du da sitzt, nimmt dir das, was du sagen willst, niemand ab!" Das, was dem Professor fehlt, ist eine starke Persönlichkeit. Er weiß viel – das steht außer Frage – jedoch kommt dieses Wissen nicht bei seinem Gegenüber an, da es zu verschlüsselt ist. Der Professor schafft es nicht, seinen Gesprächspartner für sein Wissen, seine Weisheit, zu begeistern. Daraus resultiert das große Desinteresse des Mannes.

Brecht schafft es mit dieser kurzen Parabel, dass sich der Leser in die Person des Herrn Keuner hineinversetzen kann. Zwar fallen die Sätze ziemlich kurz und knapp aus, da sie sich auf das Wesentlich beschränken, aber der Leser kann trotzdem einordnen, wie es für Herrn Keuner sein muss, sich mit dem Professor zu unterhalten. Wie der Professor auf diesen „Angriff" durch die massive Kritik reagiert, wird nicht mehr geschildert, sodass nun der Leser am Zug ist. Er muss sich überlegen, was die richtige Reaktion an dieser Stelle wäre. Dabei sind vor allem folgende Fragen interessant:

Hat der Professor Herrn Keuner überhaupt noch etwas entgegenzusetzen, oder muss er die Kritik einfach hinnehmen? Welches Ziel könnte es sein, dass er verfolgen soll? Inwiefern muss er seine Haltung ändern, damit sich jemand wie Herr Keuner wieder für ihn interessiert?

Da am Anfang der Parabel deutlich gesagt wird, dass es der Professor ist, der von sich aus über seine Weisheit erzählt, könnte man vermuten, dass er sich seiner Sache sehr sicher ist. Er kennt sich in seinem Gebiet, dem der Philosophie, bestens aus. Die Tatsache, dass er mehr oder weniger einen Vortrag hält, obwohl er offensichtlich nicht darum gebeten worden ist, kann auf Charakterzüge wie „selbstsicher", „selbstbewusst", oder auch leicht „angeberisch" oder „besserwisserisch" schließen lassen. Anders als erwartet, stößt der Vortrag auf

Ablehnung und an der Person des Professors wird heftige Kritik geübt. Der Professor hätte nun die Möglichkeit, Herrn Keuner zuzustimmen und zu versuchen, seine Haltung zu ändern. Seine Weisheit, die Theorie also, passt nicht zu seiner Praxis – der Haltung. Aus diesem Grund hält Herr Keuner den Professor für keinen echten Philosophen. Herr Keuner ist der Denkende in der Geschichte. Er misst sich mit dem Philosophen, der seine Weisheit wahrscheinlich als bloße Sammlung von Wissen sieht, ohne dass diese zu seiner Person bzw. Persönlichkeit passt. Wahre Weisheit muss einen Inhalt haben, der zur Persönlichkeit passt, oder anders gesagt: Nur mit der richtigen Haltung ist Weisheit überhaupt möglich. Nur so kann das Ziel erreicht werden, das aus dem Erlangen dieser Weisheit besteht! Der Professor muss auf diese Weise versuchen, „das Helle ins Dunkel" seiner Weisheit zu bringen.

D) Quellen

Primärliteratur

Brecht, Bertolt, Geschichten vom Herrn Keuner, Berlin, Suhrkamp Verlag, 2012

Sekundärliteratur

zu A) Parabel

http://m.schuelerlexikon.de/deu_abi2011/Parabel.htm

http://www.buecher-wiki.de/index.php/BuecherWiki/Parabel

http://www.philosophie-sgl.de/Faecher/deutsch/lessing/parabel.pdf

https://www.uni-due.de/einladung/Vorlesungen/epik/parabel.htm

http://www.wissen.de/lexikon/parabel-literatur

(alle eingesehen im September 2014)

zu B) Bertolt Brecht, Geschichten vom Herrn Keuner

Kommentar in: Brecht, Bertolt, Geschichten vom Herrn Keuner, Berlin, Suhrkamp Verlag, 2012, S.177 – S 212

http://www.e-hausaufgaben.de/Deutsch/T3117-Brecht-Bertolt-Keuner-Geschichten.php

http://de.wikipedia.org/wiki/Geschichten_vom_Herrn_Keuner

http://www.zeit.de/1979/35/geschichten-vom-herrn-keuner

zu C) Interpretation ausgewählter „Geschichten vom Herrn Keuner"

http://www.abipur.de/referate/stat/650692918.html

http://www.doktus.de/dok/31208/wenn-haifische-zaehne-haetten.html

http://www.gutefrage.net/frage/wie-koennte-man-diese-keuner-geschichte-interpretieren

http://www.interpretationen.de/interpretationen/Brecht

www.kripahle-online.de/.../Interpretation-von-maßnahmen-gegen-die-Gewalt

(alle eingesehen im September 2014)